HELMUTH JAMES VON MOLTKE

BERICHT AUS DEUTSCHLAND IM JAHRE 1943

LETZTE BRIEFE AUS DEM GEFÄNGNIS TEGEL 1945

HENSSEL

CIP-Kurztitelaufnahme der Deutschen Bibliothek
Moltke, Helmuth James Graf von:
Bericht aus Deutschland im Jahre 1943
[neunzehnhundertdreiundvierzig].
Letzte Briefe aus dem Gefängnis Tegel 1945.
Helmuth James Graf von Moltke.
13. Aufl. – Berlin: Henssel, 1981.
(Textura; 2)
ISBN 3-87329-502-4
NE: GT; Moltke, Helmuth James Graf von: [Sammlung]

Druck: Druckhaus Langenscheidt, Berlin
Einband: Schöneberger Buchbinderei, Berlin
Printed in Germany

Von der Hohen Eule, dem höchsten Berge des Eulengebirges, nach Nordosten blickend, überschaut man die Weite der mittelschlesischen Ebene. Soweit das Auge reicht das gleiche Bild, kleine Städte, Dörfer, umgeben von schmalen Ackerstreifen, große Ackerflächen, dazwischen Buschwald und Koppeln. Als einziger Bergkegel ragt der Zobten aus dieser friedlichen und fruchtbaren Ebene. Zu Füßen der Hohen Eule, eingebettet in das in welliges Hügelland auslaufende Gebirge, liegt das kleine Dorf Kreisau. Hier wurde Helmuth James von Moltke 1907 geboren, in Kreisau wuchs er auf, und mit Kreisau blieb er bis zu seinem Tode verbunden. Er entstammte einem alten, ursprünglich mecklenburgischen Geschlecht, das durch den Feldmarschall Helmuth von Moltke 1867 in Schlesien ansässig geworden war. Da dieser kinderlos starb, gelangte das Gut, das er sich mit einer königlichen Dotation gekauft hatte, an die Nachkommen seines älteren Bruders und in direkter Linie an den Verfasser dieser Briefe.

Helmuth liebte das schöne Land und in ihm sein Elternhaus. Seine Mutter, Dorothy Rose Innes, Südafrikanerin schottischen Ursprungs, Tochter von einem der obersten Richter der Südafrikanischen Union, paßte gut in die weitherzige und großzügige Moltke-Familie und wurde schnell durch ihre Wärme und ihr kluges, unvoreingenommenes Wesen deren Mittelpunkt. Helmuths Vater führte den Gutsbetrieb. Es hieß, er sei als junger Mensch von einem chronischen Herzleiden dank Christian Science geheilt worden. Seitdem war er Mitglied und Förderer dieser aus Amerika stammenden christlichen Sekte. Helmuth James, sein ältester Sohn, studierte Rechtswissenschaft. Zu Hause schon hatte er gelernt, die Eigenart anderer Menschen gelten zu lassen und ihre Freiheit zu respektieren; während seiner Studienzeit wurde er durch den Einfluß von Lehrern und Freunden in dieser Haltung bestärkt. Wenn man den zwei Meter großen, dünnen, dunkelhaarigen, in den Schultern vielleicht wegen seiner Größe etwas gebeugten jungen Mann kennen lernte, nahm man nicht an, daß er vom Lande kam und an diesem liebevoll hing. Obwohl er menschenfreundlich und hilfsbereit war, ließ er, ohne dies zu wollen, leicht einen Abstand zwischen sich und seinen Mitmenschen entstehen. Er rief Erstaunen hervor, wirkte ungewöhnlich, oft wohl durch seine überraschenden Ansichten, die nicht zu dem Bilde zu passen schienen, das man sich von ihm seiner Herkunft nach zu machen geneigt war. Politisch stand er „links", glaubte an die Zukunft des Sozialismus und haßte den Krieg und das Kriegshandwerk. Besonders als junger Mensch trug er an der Last der menschlichen Existenz, und sein ausgeprägtes soziales Gewissen litt unter der Ungerechtigkeit der Welt. Um ihn wirklich kennen zu lernen, mußte man ihn in Kreisau erleben. Mit seiner Familie, seinen Freunden, dem Gutsbetrieb, mit Garten und Feldern, Pflanzen und Bäumen, in dem einfachen und schönen Leben war er am glücklichsten. Dann sah man sein großes Herz, da war er heiter mit einem oft etwas sarkastischen Witz.

Er studierte in Breslau, Berlin und Wien, aber kurz nach der ersten juristischen Staatsprüfung, als Referendar, brachten ihn im Herbst

1929 wirtschaftliche Schwierigkeiten des Gutsbetriebes wieder nach Kreisau zurück. Der Vater bat den nun zweiundzwanzigjährigen, die Leitung des Betriebes zu übernehmen. Er tat es den Gläubigern, dem Hof und seinem Vater gegenüber als Treuhänder. Und diese Haltung eines Verwalters gab er auch nicht auf, als er nach dem Tode des Vaters 1939 Eigentümer von Kreisau wurde.

Die schwierigen Verhältnisse in Kreisau waren eine gute Lehre. Mit dem Gleichmut der Moltkes und unbehindert von Ehrgeiz, wahrte er den Abstand zu seinen eigenen Schwierigkeiten. Schnell erfaßte er den Kern einer Situation, zäh und energisch nützte er deren Möglichkeiten und war unwillig gegenüber jeglicher Verschwendung von Zeit, Worten und Plänen, die der Sache nicht dienten. Von 1929 bis 1945 leitete er den Gutsbetrieb und führte ihn langsam aus großer Verschuldung zu wirtschaftlicher Gesundung. 1931 heiratete er Freya Deichmann aus Köln.

Bald konnte er neben der Arbeit in Kreisau seine juristische Ausbildung als Referendar an den umliegenden Gerichten fortsetzen. Nach dem Assessor-Examen folgte ein monatelanger Besuch in Südafrika. Durch die von ihm verehrten Großeltern befreundete er sich mit dem Land seiner Mutter und lernte Südafrikas schwere Lebensfragen kennen. Auf dem Rückweg knüpfte er seine ersten Beziehungen in England an.

1933 war in Deutschland der Nationalsozialismus zur Macht gekommen. Helmuth hatte die NSDAP von Anfang an als höchst bedrohlich empfunden. Die Machtergreifung Hitlers hielt er für eine Katastrophe. Er sah voraus, daß Hitler Krieg über die Welt bringen würde. Er hätte 1934 in Südafrika bleiben können. Nicht nur Kreisau, das ihn brauchte, zog ihn zurück; er wollte in Europa leben, arbeiten und sich einsetzen. In dem Abschiedsbrief an seine beiden Söhne (geboren 1937 und 1941) aus dem Gefängnis schreibt er 1944: „Ich habe mein ganzes Leben schon in der Schule gegen einen Geist der Enge, der Gewalt, der Überheblichkeit, der Intoleranz und des Absoluten, erbarmungslos Konsequenten angekämpft, der in den Deutschen steckt, und der seinen Ausdruck in dem nationalsozialistischen Staat gefunden hat. Ich habe mich auch dafür eingesetzt, daß dieser Geist mit seinen schlimmen Folgeerscheinungen, wie Nationalismus im Exzess, Rassenverfolgung, Glaubenslosigkeit, Materialismus, überwunden werde."

Helmuth wäre gerne Richter geworden, aber da im Dritten Reich Urteile nach nationalsozialistischem Recht von den Richtern verlangt wurden, kam das für ihn nicht mehr in Frage. So entschloß er sich, in Berlin Rechtsanwalt zu werden, insbesondere für Fälle, die mit Völkerrecht und Internationalen Privatrecht zu tun hatten. Um mit der Welt außerhalb Deutschlands verbunden zu bleiben, um regelmäßig nach England fahren und mit seinen Freunden sprechen zu können, studierte er nebenbei englisches Recht, legte Prüfungen ab und wurde 1938 englischer Barrister. So konnte er sich immer wieder für kurze Zeit dem Druck des nationalsozialistischen Deutschlands entziehen und freier atmen.

1939 kam der Krieg. Helmuth wurde als Völkerrechtler zum Oberkommando der Wehrmacht in Berlin eingezogen. Dort blieb er bis er im Januar 1944 verhaftet wurde.

Von der Abteilung „Ausland-Abwehr“ hat er versucht, nationalsozialistisches Unrecht, das überall befohlen wurde, zu bekämpfen, manchmal mit, oft ohne Erfolg. „Seitdem der Nationalsozialismus zur Macht gekommen ist“, schreibt er an seine Söhne, „habe ich mich bemüht, seine Folgen für seine Opfer zu mildern und einer Wandlung den Weg zu bereiten. Dazu hat mich mein Gewissen getrieben, und schließlich ist das eine Aufgabe für einen Mann.“

Helmuth erwartete, daß der Weltkrieg das Ende des Nationalsozialismus bringen würde. Trotz der militärischen Erfolge der ersten Kriegsjahre blieb er dabei, Deutschland müsse schließlich den Krieg verlieren, und damit spätestens komme das Ende des Regimes. Für diese Zeit müsse man Vorbereitungen treffen. In Berlin fand er sich mit alten und neuen Freunden in dem gleichen Ziel zusammen. Ihr Bemühen nahm seinen Ausgang in Gesprächen zwischen Peter Yorck von Wartenburg und Helmuth, und diese beiden blieben immer das Zentrum einer Gruppe von Menschen, die sich ab 1940 in vielen Besprechungen sammelten und der die Gestapo später den Namen „Kreisauer Kreis" gab. Nach Kreisau ist die Widerstandsgruppe benannt, weil dort dreimal größere Zusammenkünfte stattgefunden haben. Aber die Hauptarbeit wurde in Berlin geleistet, und die meisten Besprechungen waren in der Wohnung der Yorcks in Lichterfelde, Hortensienstraße 50.

Zu ihm gehörten Männer sehr verschiedener Überzeugungen und Berufe. Die Hauptbeteiligten waren Horst von Einsiedel, Carl Dietrich von Trotha, Hans Peters, Adolf Reichwein, Adam von Trott zu Solz, Carlo Mierendorff, Hans Bernd von Haeften, Harald Poelchau, Theo Haubach, Eugen Gerstenmaier, die Patres Rösch, Delp und König, Hans Lukaschek, Julius Leber, Theodor Steltzer, Paulus van Husen. Aber es gehörten auch andere dazu. Einige der Ziele, die sie sich gesetzt hatten und mit denen sich ihre Niederschriften befaßten, waren: Wiederherstellung des Rechts, ein Aufbau des Staates, der die Staatsangehörigen zur Mitarbeit erzog, eine Demokratie, die die Fehler der Weimarer Republik vermied, Vergesellschaftung der Schlüsselindustrien, die Über-

windung der Nationalstaaten und des Nationalsozialismus, die Bestrafung der politischen Verbrechen, aber auch das Christentum als Grundlage der Gesellschaft.
Sie fragten: Was kann am Tage X geschehen, und was muß nach dem Tage X geschehen, dem Tage nämlich, an dem der Nationalsozialismus von innen oder von außen zusammenbrechen würde? Sie stellten Grundsätze auf, in denen die Sozialisten, die zu ihrer Gruppe gehörten, mit den Vertretern der beiden christlichen Konfessionen und auch diese untereinander zu gemeinsamer politischer, wirtschaftlicher und sozialer Zielsetzung kamen. Die Aufzeichnungen wurden nicht als endgültig angesehen; es waren Entwürfe. Sie sollten die Richtung anzeigen und die Fragen stellen, die für die Zeit nach dem nationalsozialistischen Regime gelöst werden mußten: „Wir können nur dann erwarten“, schrieb Helmuth an seinen Freund Lionel Curtis in England, „unser Volk dazu zu bringen, die Herrschaft von Furcht und Schrecken über den Haufen zu werfen, wenn wir imstande sind, ihm ein Bild zu zeigen jenseits der schrecklichen und

hoffnungslosen nächsten Zukunft. Ein Bild, wonach zu streben, wofür zu arbeiten, woran zu glauben, wofür neu zu beginnen es sich für das enttäuschte Volk lohnt. Für uns ist Europa nach dem Kriege weniger eine Frage von Grenzen und Soldaten, von komplizierten Organisationen oder großen Plänen, Europa nach dem Kriege ist die Frage: Wie kann das Bild des Menschen in den Herzen unserer Mitbürger aufgerichtet werden? Das ist eine Frage der Religion, der Erziehung, der Bindungen an Arbeit und Familie, des richtigen Verhältnisses zwischen Rechten und Verantwortung."

Sie suchten dann in den einzelnen Teilen Deutschlands Männer, die auf Grund dieser Leitsätze zum Zeitpunkt des Zusammenbruchs zu handeln bereit waren, um dem zu erwartenden Chaos entgegenwirken zu können. (Sie nannten sie Landesverweser.) Sie bemühten sich auch, mit den Widerstandsbewegungen in den von Deutschland besetzten Ländern in Verbindung zu kommen. Das gelang ihnen in Holland, Norwegen und Dänemark. Sie hofften, der gemeinsame Widerstand gegen den Nationalsozialismus, der prinzipielle, nicht der nationale Widerstand, werde eine Basis für die Zusammenarbeit im künftigen Europa schaffen.

Schwerer war es, Freunde auf der alliierten Seite zu erreichen. Den Versuch machten sie immer wieder, auf dienstlichen Reisen in die neutralen Länder. Sie wollten ein Bild der innerdeutschen Zustände vermitteln und hofften auf ermutigende Stellungnahme, die der Herbeiführung des Staatsstreiches dienen könnte. Aber es kam kein Echo.

Am 20. Juli 1944 unternahm Claus Graf Schenk von Stauffenberg das Attentat auf Hitler. Viele der Kreisauer waren an diesem Staatsstreichversuch beteiligt. Helmuth war damals schon sechs Monate im Gefängnis. Er hatte einen Freund vor dessen drohender Verhaftung gewarnt, und die Gestapo hatte von dieser Warnung erfahren. Auch Helmuth war es klar, daß Hitler und sein Regime beseitigt werden mußten. Das war das Entscheidende. Aber wie war das fertig zu bringen? Dürfte man das große Morden der Nationalsozialisten durch weiteres Morden beenden, wenn man für das Recht und gegen die Gewalt war?

Und wenn man das trotz allem bejahte, wer konnte es tun? Für die physische Vernichtung der nationalsozialistischen Regierung brauchte man Soldaten. Es gab zwar deutsche Offiziere bis herauf zu den Generälen, die Hitler aus militärischen Gründen oder auch weil sie sein Regime haßten, gerne beseitigt hätten. Aber die Generäle konnten sich nicht zum Handeln entschließen. Und würde nicht wieder eine Dolchstoßlegende aufkommen, nach der Niederlage fälschlich behauptend, nicht Hitler, sondern die neue Regierung habe den Krieg verloren? Denn die Alliierten verlangten eindeutig die bedingungslose Kapitulation Deutschlands. Alle diese Bedenken zusammen machten Helmuth zu einem Gegner des Attentats. Der Nationalsozialismus müsse selbst die Schuld für seine Taten tragen. Nur durch bittere Erfahrung könne das deutsche Volk wirklich erkennen, wohin der Nationalsozialismus Deutschland gebracht habe, erst dann könne das Übel mit der Wurzel ausgerottet werden.

Helmuth war gewohnt, über Deutschland hinaus zu denken. Nationalismus im Exzess,

Rassenverfolgung, Glaubenslosigkeit und Gewalt, die der nationalsozialistische Staat kultiviert hatte, entstammen nicht nur deutscher Wesensart. Helmuth hat sie immer als Übel der gesamten Menschheit bekämpft. Sein Kampf war niemals nur national, und er rechnete mit Bundesgenossen jenseits der deutschen Grenzen. „Vergeßt bitte nicht", schrieb er deshalb an seinen englischen Freund, „daß wir darauf vertrauen, daß Ihr es, ohne mit der Wimper zu zucken, durchsteht, wie wir auch bereit sind, unseren Teil zu leisten, und vergeßt nicht, daß für uns ein bitteres Ende in Sicht ist, wenn Ihr es überstanden habt. Wir hoffen, daß Ihr Euch klar darüber seid, daß wir bereit sind, Euch zu helfen, den Krieg und den Frieden zu gewinnen." Deshalb meinte er, der Nationalsozialismus müsse sich selbst in der Niederlage vernichten, und schrieb vor seinem Tode an seine Söhne: „Ich habe aber nie Gewaltakte wie den 20. 7. 44 gewollt oder gefördert, sondern ihre Vorbereitung im Gegenteil bekämpft, weil ich aus vielerlei Gründen solche Maßnahmen mißbilligte und vor allem glaubte, daß damit das geistige Grundübel nicht beseitigt würde."

Aber jeder weitere Kriegstag forderte schreckliche Opfer. Tausende von Menschen vieler Nationen starben und litten. Dem mußte durch das Attentat endlich Einhalt geboten werden. Was auch immer die Folgen waren, es mußte versucht werden. Darum stand die Mehrheit der Kreisauer am 20. 7. 1944 hinter Stauffenberg. Und wäre Helmuth an diesem Tage frei gewesen, er hätte nicht beiseite gestanden. Die Freunde waren untereinander zu stark gebunden.

Durch den versuchten, aber mißlungenen Staatsstreich hatten die Nationalsozialisten die Namen vieler ihrer Feinde erfahren, und die Gestapo stellte bald fest, daß Helmuth zu ihnen gehörte. Er wurde wegen Hochverrats angeklagt, mit einigen seiner Freunde vor den Volksgerichtshof gestellt, am 12. Januar zum Tode verurteilt und am 23. Januar 1945 hingerichtet.

Helmuth J. von Moltke an seinen Freund Lionel Curtis in England

Der Brief wurde auf einer Dienstreise nach Skandinavien im neutralen Schweden auf englisch an Lionel Curtis geschrieben und einem schwedischen Mittelsmann zur Weiterleitung nach England hinterlassen. Mit Curtis, der in England ein einflußreicher Mann war und Zugang zu Mitgliedern der englischen Regierung hatte, verband Helmuth eine alte Freundschaft.

Aber der Brief wurde nicht aus Schweden abgesandt. Zwei Monate später erklärte sich ein vertrauenswürdiger Amerikaner bereit, den Inhalt des Briefes auswendig zu lernen und nach seiner Ankunft in England niederzuschreiben. Diese Niederschrift umfaßte etwa ein Sechstel der Länge des Briefes und enthielt nur wenig von der Kraft und Dringlichkeit des Originals. Die Niederschrift gab er dem Bischof von Chichester, George Bell, der sie an Lionel Curtis weiterleitete. Es ist daraufhin nichts erfolgt.

Stockholm, den 25. März 1943

Lieber Herr Curtis,
es besteht die Möglichkeit, daß dieser Brief in Ihre Hände gelangt, ohne die Zensur passieren zu müssen. Daher möchte ich diese einmalige Gelegenheit nutzen, um Ihnen eine Analyse der Zustände in meinem Land zu geben, und einige Vorschläge zu machen, wie man die Dinge beschleunigen könnte.

1.

Ich muß dazu eine Vorbemerkung machen. In Fragen, die innerpolitische Entwicklungen angehen, mißtraue ich aus Erfahrung dem Urteil und der Diskretion aller der Leute, die mit einer Auslandsvertretung zu tun haben. Wir bekommen nämlich höchst vertrauliches Material aus praktisch jeder britischen und mehr noch aus jeder amerikanischen Gesandtschaft oder Botschaft. Wahrscheinlich zahlen uns Ihre Leute das heim, indem sie abhören, was für unsere Gesandtschaften bestimmt ist. Aber im ersteren Fall haben solche Informationen schon manchem, den wir schlecht entbehren können, das Leben gekostet. Manchmal hat man wirklich das Gefühl, die Diplomaten führten ein so abgeschirmtes Leben, daß sie sich gar nicht vorstellen können, wie sich das Leben auf unserem Kontinent in Wirklichkeit abspielt. Mit großen Worten werden die Lebensbedingungen auf dem Kontinent beschrieben, aber ohne eine Vorstellung davon widerzuspiegeln, wie diese tatsächlich sind, haben solche Worte wenig Bedeutung für den, der sie gebraucht, und noch viel weniger für den, der sie hört.

Und noch eine Warnung auf derselben Ebene ist die dominierende Denkweise der Geheimdienste gegenüber politischen Gesichtspunkten. Aus der Sicht der Geheimdienste ist es sehr einfach, daß alles, was ich tue, und mit mir viele Männer und Frauen, zur Zerstörung des Dritten Reiches beiträgt, also gegen den Hauptfeind gerichtet und daher lobenswert ist. Aber politisch gesehen gilt für Diktaturen oder Tyranneien dasselbe Gesetz wie für Demokratien: man kann eine Regierung nur beseitigen, wenn man eine andere Regierung anzubieten hat. Demnach kann mit der Zerstörung des Dritten Reiches erst begonnen werden, wenn man zumindest imstande ist, eine Alternative vorzuschlagen. Das kann ein Mann, der den Standpunkt des Geheimdienstes vertritt, nicht sehen, und daraus können sich sehr ernste Folgen ergeben, nicht nur für die Nachkriegszeit, sondern auch für die Chancen, das Dritte Reich auch von innen heraus zu zerstören. Dieses Argument wurde übrigens von mehreren Leuten aus den Untergrundorganisationen verschiedener besetzter Länder mir gegenüber vorgebracht.

2.

Außerhalb Deutschlands macht man sich folgende Schwierigkeiten nicht klar, mit denen wir zu kämpfen haben, und die die Lage in Deutschland von der in allen besetzten Ländern unterscheidet: Mangel an Einigkeit, Mangel an Leuten, Mangel an Kommunikation.

Mangel an Einigkeit: In allen von Hitler beherrschten Ländern außer Deutschland und Frankreich ist sich die Bevölkerung praktisch einig. In Norwegen oder Polen, in Griechenland, Jugoslawien oder Holland hat die überwältigende Mehrheit der Bevölkerung dieselbe Gesinnung. In Deutschland und in geringerem Maße in Frankreich ist das anders. Dort gibt es viele, die vom Dritten Reich profitiert haben und wissen, daß mit dem Ende des Dritten Reiches auch ihre Zeit zuende geht. Zu dieser Kategorie gehören nicht nur ein paar hundert Menschen, nein, es sind Hunderttausende, und um ihre Zahl zu vermehren und um neue Pfründe zu schaffen, wird alles korrumpiert. Dann gibt es die Leute, die nur als Gegengewicht zu dem vom Ausland auf Deutschland ausgeübten Druck die Nazis unterstützt haben und sich jetzt nicht ohne weiteres aus dieser Verstrickung befreien können. Selbst wo sie davon überzeugt sind, daß die Nazis Unrecht haben, meinen sie, dieses würde durch uns früher zugefügtes Unrecht aufgewogen. Außerdem gibt es, von Goebbels Propaganda unterstützt, eine dritte Auffassung: wenn wir diesen Krieg verlieren, werden wir von unseren Feinden lebendig aufgefressen. Deshalb müssen wir dies mit Hitler durchstehen und können ihn erst danach los werden; man kann die Pferde nicht mitten im Fluß wechseln. Diese Ansichten werden Sie ebenso entschieden ablehnen wie ich, jedoch muß man sie als politisch wirksam in Rechnung stellen, weil sie Uneinigkeit hervorbringen. Während man also den Absichten jedes Holländers, Norwegers, usw. trauen kann, muß man jeden Deutschen sorgfältig prüfen, um herauszubekommen, ob er zu gebrauchen ist oder nicht. Daß er Antinazi ist, genügt nicht.

Mangel an Leuten: Wir haben in unserem Land praktisch keine jungen Männer mehr, das heißt, Männer der Altersgruppen, die Revolutionen machen oder zumindest deren Vorhut bilden. Sie haben junge oder doch verhältnismäßig junge Arbeiter in Ihren inländischen Betrieben. Ihre jungen Männer werden bei Ihnen im eigenen Land ausgebildet. Das ist bei uns alles anders. Unsere jungen Männer, selbst die in der Ausbildung, befinden sich sämtlich weit außerhalb unserer Grenzen. Stattdessen haben wir mehr als 8 Mill. ausländische und potentiell feindselige Arbeiter im Land, und ihre Zahl wird voraussichtlich auf 10 Mill. anwachsen. Es gibt hier keine Deutschen, die jünger sind als Jahrgang 99. Bis auf die Geheimpolizei und die SS sind Ausnahmen hierbei unbedeutend. Die wenigen Aktiven, die übrig bleiben, sind schwer überarbeitet und am Ende ihrer Kräfte. Die Frauen, sofern sie nicht zu Kriegsarbeit herangezogen werden, sind physisch, vor allen Dingen aber psychisch voll ausgelastet mit der Aufgabe, ihren Haushalt beisammen zu halten. Je ärger die wirtschaftliche Belastung, desto unwahrscheinlicher ist eine Revolution, da die Menschen ganz damit beschäftigt sind, überhaupt zu leben. Die Lebensmittelverteilung läuft einigermaßen reibungslos ab, obwohl sie auch viel Zeit in Anspruch nimmt. Sobald man aber versucht, etwas anderes zu kaufen, ist das ein mühsames Unterfangen. Braucht man einen Briefumschlag, seine Schuhe repariert, sein Kleid geflickt, seinen Mantel gereinigt, oder ist man so verwegen, nach Nägeln, einer Zahnbürste, Klebstoff oder einem Kochtopf, einem Gegenstand aus Porzellan oder Glas zu suchen, möchte man sein Kind irgendwo absetzen oder benötigt man einen Arzt, dann entdeckt man, daß die Erfüllung jedes einzelnen dieser Wünsche eine ganztätige Arbeit ist. Man muß warten und rennen, herumstehen und handeln, drängen und bitten, um zuletzt das Gewünschte wahrscheinlich nur zu bekommen, wenn man etwas dafür anzubieten hat, seien es Dienste oder Waren. Diese ganze zusätzliche Arbeit fällt auf die Frauen. Während die Männer in ihrem Soldatendasein völlig vergessen, was arbeiten heißt, sind die Frauen total überarbeitet. Das heißt nicht nur, daß sie physisch von diesen Tätigkeiten in Anspruch genommen werden, – das ist ja selbstverständlich – das Ärgste ist, daß ihre Gedanken vollständig von den Überlegungen in Anspruch genommen sind, wie sie bekommen können, was sie brauchen, sei es eine Zahnbürste oder einen Arzt. Der letzte Gedanke einer Frau vorm Einschlafen ist höchstwahrscheinlich: „Ich darf nicht vergessen, daß sie sagten, um drei bekämen sie eventuell einige Briefumschläge, und beim Arzt hieß es, er werde vielleicht gegen 6.30 Uhr zurück sein. Aber was tue ich mit meinem Kind, während ich auf den Arzt warte, es könnte 9 Uhr werden, bevor ich zurück bin". Da bleibt keine Zeit, überhaupt nur an den Krieg zu denken.

Mangel an Kommunikation: Das ist das Schlimmste. Können Sie sich vorstellen was es heißt, wenn man:

a) nicht telefonieren kann;
b) die Post nicht benutzen kann;
c) keinen Boten schicken kann, denn wahrscheinlich hat man niemanden dafür, und wenn man jemanden hat, kann man ihm nichts schriftliches mitgeben, da die Polizei zuweilen Leute in den Eisenbahnen, der Straßenbahn usw. nach Dokumenten durchsucht;
d) nicht einmal mit den Menschen sprechen kann, mit denen man vollständig übereinstimmt, weil die Geheimpolizei Methoden der Befragung hat, durch die zunächst der Wille gebrochen, der Verstand aber wach gelassen wird. Auf diese Weise wird das Opfer dazu gebracht, alles auszusagen, was es weiß. Darum muß man Mitteilungen auf die beschränken, die sie unbedingt brauchen;

e) sich nicht einmal auf Gerüchte oder eine Flüsterkampagne verlassen kann, um Nachrichten zu verbreiten, da die Nachrichtensperre so wirksam ist, daß eine in München begonnene Flüsterkampagne eventuell nicht einmal bis nach Augsburg kommt. Es gibt nur einen zuverlässigen Weg zur Verbreitung von Nachrichten. Das ist der Londoner Rundfunk, da dieser von vielen Menschen der wirklichen Gegnerschaft und von vielen unzufriedenen Parteimitgliedern gehört wird.

3.

Zum Teil ist dieser teuflische Apparat von den Nazis erfunden worden, zum Teil ist er die direkte Folge des Krieges selbst. Jedenfalls wird er äußerst wirkungsvoll von der herrschenden Schicht benutzt. Diese will vor allem die Armee vor den politischen Strömungen im Land abschirmen, was auch weitgehend gelingt. Nur Soldaten auf Urlaub und die Mannschaften der Luftabwehr befinden sich im Land. Die Urlauber wollen nicht behelligt werden, und ihre Verwandten wollen sie nicht stören. Für Männer außer Landes sind die Mitteilungen durch die Post nur eine dürftige Information, da ihre Frauen nicht zu schreiben wagen aus Angst vor repressiven Maßnahmen, die immer wieder vorkommen. Im übrigen führen die Soldaten ein ziemlich isoliertes Leben. Sie treten meist in großer Zahl auf und müssen sich nur mit dem Feind befassen. Insbesondere die Offiziere führen zum großen Teil ein Leben, das ihren zivilen Status übersteigt. Der gewöhnliche Soldat weiß nicht mehr über die Zustände in Deutschland als Sie, wahrscheinlich sehr viel weniger. Im übrigen werden die Soldaten unentwegt Situationen ausgesetzt, die ihnen keine andere Möglichkeit lassen, als zu kämpfen. Ihre Gedanken sind ebenso vollständig auf den Feind gerichtet, wie diejenigen der Hausfrauen auf ihre Bedürfnisse. „Der deutsche General und Soldat darf sich nie sicher fühlen, sonst will er sich ausruhen. Er muß stets wissen, daß der Feind vor und hinter ihm steht und daß es nur eins zu tun gibt – zu kämpfen." Diese Bemerkung äußerte Hitler gegenüber Feldmarschall Manstein, der vorschlug, eine Stellung weit hinter der Front zu befestigen.

Aber auch in Deutschland selbst wissen die Leute nicht, was vorgeht. Ich glaube, mindestens neun Zehntel der Bevölkerung weiß nicht, daß wir Hunderttausende von Juden umgebracht haben. Man glaubt weiterhin, sie seien lediglich abgesondert worden und führten in etwa dasselbe Leben wie zuvor, nur weiter im Osten, woher sie stammen, vielleicht unter etwas schlechteren Bedingungen, aber ohne Luftangriffe. Würde man diesen Leuten erzählen, was wirklich geschehen ist, bekäme man zur Antwort: Du bist eben das Opfer der britischen Propaganda. Weißt du nicht mehr, was für lächerliche Dinge sie über unser Verhalten in Belgien 1914/18 verbreitet haben?

Eine andere Tatsache: Die Deutschen machen sich Sorgen um ihre Männer und Söhne, die in Rußland als vermißt gemeldet worden sind. Die Russen haben, was sehr klug von ihnen war, unseren Männern erlaubt, nach Hause zu schreiben. Diese Briefe werden bei der Ankunft in Deutschland weggeschlossen oder vernichtet, keinesfalls aber an die Angehörigen weitergeleitet. Etwa tausend dieser Karten waren auf Grund eines technischen Fehlers der Zensur entgangen. Die Empfänger, die daraufhin auf normalem Wege zu antworten versuchten, wurden verhaftet, ausgefragt und so lange festgehalten, bis ihnen klar wurde, was passieren würde, wenn sie darüber sprächen, daß sie Nachricht von ihren Männern erhalten hätten. Derlei Dinge gehen in Deutschland monate-, vielleicht jahrelang so weiter, und dabei handelt es sich um eine Nachricht, auf die Deutsche begierig warten.

Man kann dies nicht, wie etwa bei dem Beispiel von den Juden, mit der Erklärung abtun, die Deutschen seien unpolitisch und wollten nicht hören, daß sie Juden umgebracht haben. Nein, selbst die Sache mit der Post aus Rußland ist weder allgemein bekannt, noch wird sie geglaubt, wenn man sie hört. Wer solche Vorfälle erfährt, etwa die Beamten, die mit den Karten zu tun haben, oder deren Verwandten, ist bereit zu glauben, daß die Karten gefälscht seien, aber der Führer in seiner Großherzigkeit verhindern wolle, daß die hinterhältigen Russen unbegründete Hoffnungen erwecken, die zu noch tieferer Verzweiflung führen müßten.

Eine dritte Tatsache: Inzwischen gibt es bei uns 19 mit erheblicher Geschwindigkeit arbeitende Guillotinen. Die meisten Leute haben davon überhaupt keine Ahnung, und praktisch weiß niemand, wieviele Menschen täglich enthauptet werden. Meiner Schätzung nach sind es täglich etwa 50, dazu kommen die, die in den Konzentrationslagern sterben. Niemand kennt die genaue Zahl der Konzentrationslager oder ihrer Insassen. Nur wenige Kilometer von unserem Gut entfernt gibt es ein Konzentrationslager. Unser Landrat erzählte mir, er habe erst von der Existenz eines KZs in seinem Kreis erfahren, als er gebeten wurde, Maßnahmen anzuordnen, die das Übergreifen einer Typhusepidemie auf ein Nachbardorf verhindern sollten. Zu diesem Zeitpunkt bestand das Lager bereits monatelang. Berechnungen über die Anzahl von KZ-Insassen schwanken zwischen 150 000 und 350 000. Niemand weiß, wieviele täglich umkommen. Zufällig habe ich festgestellt, daß im KZ Dachau in einem Monat 160 Menschen umgekommen sind. Außerdem wissen wir ziemlich zuverlässig, daß es 16 KZs mit eigenen Krematorien gibt. Wir haben vom Bau eines großen Konzentrationslagers in Oberschlesien gehört, welches für 40–50 000 Personen angelegt ist, von denen monatlich 3–4000 getötet werden sollen. Aber selbst ich, der ich so etwas herauszufinden versuche, bekomme all diese Informationen nur in recht vager, undeutlicher und ungenauer Form. Mit Sicherheit wissen wir nur, daß Scharen, wahrscheinlich viele hunderte von Deutschen täglich auf verschiedene Weise getötet werden. Und diese Menschen sterben keinen ruhmvollen Tod, wie ihre Leidensgenossen in den besetzten Ländern, die wenigstens in dem Bewußtsein sterben, daß ihre Landsleute sie für Helden halten. Unsere Leute sterben einen schmählichen Tod, sie wissen, daß man sie mit Räubern und Mördern auf eine Stufe stellt.

4.

Und wie steht es mit der Opposition[1], jenen Männern, „von denen man so viel hört und so wenig merkt“, wie man kürzlich einer Schlagzeile entnehmen konnte?

Erstens: Sie hat große Verluste: Die rasenden Guillotinen können eine beträchtliche Zahl von Männern verschlingen. Das ist eine ernste Sache. Nicht allein wegen des Verlustes an Menschenleben, den müssen wir in Kauf nehmen, denn wir werden nicht ohne erhebliche Opfer an Menschen aus dem Dilemma herauskommen, in das wir geführt worden sind. Das schlimmste ist, daß dieser Tod schmählich ist. Er wird nicht zur Kenntnis genommen, und die Verwandten vertuschen ihn, nicht etwa weil daran etwas zu verheimlichen wäre, sondern weil sie von der Gestapo mit dem gleichen Schicksal bedacht würden, wenn sie zu

[1] Das englische Wort „opposition“ ist auch in der Übersetzung mit „Opposition“ wiedergegeben worden, obwohl aus historischer Sicht „Widerstand“ zutreffen würde. Die Männer des Widerstandes haben von sich nie als „Widerstand“ gesprochen. Deshalb schien es unangebracht, diesen Begriff in die Übersetzung einzuführen.

erzählen wagten, was vorgegangen ist. In den übrigen von Hitler tyrannisierten Ländern hat sogar der gemeine Verbrecher eine Chance, als Märtyrer angesehen zu werden. Bei uns ist das anders: selbst der Märtyrer kann sicher sein, als gewöhnlicher Verbrecher zu gelten. Das macht den Tod sinnlos, und dies ist wiederum ein sehr wirksames Abschreckungsmittel. Zweitens: Die Opposition hat Sand ins Getriebe geworfen. Es wird niemals bekannt werden, inwieweit das den Interessen Ihrer Leute entgegenkam. Das Ausmaß dieser Tätigkeit ist sehr erheblich, besonders in der höheren Bürokratie. Es vergeht kaum eine Woche, in der mir nicht etwas auffällt, was ein anderer getan haben muß, um die Ausführung eines Befehls zu verhindern oder wenigstens nicht voll wirksam werden zu lassen.

Drittens: Die Opposition rettet das Leben einzelner Menschen. Wir können nicht verhindern, daß die wilden Befehle erlassen werden, aber wir können einzelne Menschen retten. Und das geschieht in allen Lebensbereichen. Leute, die offiziell hingerichtet wurden, sind noch am Leben; andere sind rechtzeitig gewarnt worden und konnten fliehen. Dies gilt insbesondere in den besetzten Ländern: die Massenmorde lassen sich nicht leugnen, aber wenn einmal Bilanz gezogen wird, dann wird man vielleicht einsehen, daß viele Tausende durch die Intervention irgendeines Deutschen, sei es eines Gefreiten, eines Generals, eines Arbeiters oder eines hochgestellten Beamten gerettet worden sind.

Viertens: Die Opposition hat viele Fehler begangen. Der Hauptirrtum war, sich auf eine Aktion der Generäle zu verlassen. Diese Hoffnung war von vornherein aussichtslos, aber die meisten Leute konnten davon nicht rechtzeitig überzeugt werden. Die französischen Generäle konnten Napoleon nicht beseitigen. Ebenso ergeht es heute den Deutschen. Es würde zu weit führen, alle Gründe dafür auseinanderzusetzen. Der wichtigste soziologische Grund ist, daß wir eine Revolution brauchen, nicht einen Staatsstreich; und solch eine Revolution wird den Generälen niemals denselben Spielraum und dieselbe Stellung geben, wie sie ihnen von den Nazis eingeräumt worden ist und heute noch eingeräumt wird.

Fünftens: Die Opposition hat zweierlei getan, was, wie ich glaube, von Dauer sein wird: die Mobilisierung der Kirchen und die Wegbereitung für ein vollständig dezentralisiertes Deutschland. Die Kirchen haben in dieser Zeit Großartiges geleistet. Einige der Predigten von prominenteren katholischen wie auch protestantischen Bischöfen sind im Ausland bekannt geworden, insbesondere zwei Predigten des Berliner Bischofs Graf Preysing vom 16. Mai (?) und vom 20. Dezember 1942. Aber das Wichtigste ist der anhaltende Prozeß, innerhalb dessen der gesamte Klerus fast ausnahmslos die großen Prinzipien aufrechterhalten hat, trotz aller intensiver Propaganda und dem Druck, der auf ihn ausgeübt wird. Ich weiß von keinem einzigen Pfarrer, der in einer von britischen Bomben zerstörten Kirche eine Predigt mit anti-britischer Tendenz gehalten hat. Die Kirchen sind Sonntag für Sonntag voll. Der Staat wagt sich augenblicklich nicht an die Kirche heran. Um eine direkte Konfrontation zu vermeiden, sind die Kirchen vielerorts als Lager für Möbel aus zerbombten Häusern beschlagnahmt worden; dadurch hofft der Staat,

allmählich die Kirchenarbeit unmöglich zu machen.
Der Zusammenbruch der Idee eines hochzentralisierten deutschen Staates ist erheblich vorangeschritten. Während noch vor zwei Jahren die Vorstellung von einem vollständig dezentralisierten Staat als Utopie galt, ist sie heute fast ein Gemeinplatz. Das wird die Übergangszeit zwischen Krieg und Frieden erleichtern und eventuell eine Verständigung möglich machen.

5.

Zwei allgemeine Beobachtungen wären noch hinzuzufügen: über Kriegsverbrecher und zur Gefahr des Kommunismus. Die Bestrafung politischer Verbrecher nach dem Ende des 3. Reiches wird beim deutschen Volk diesmal sehr populär sein. Sie müssen bedenken, daß sich bei uns etwa 250 000 Menschen in Konzentrationslagern befinden; sicherlich noch einmal so viele sind von den Nazis ums Leben gebracht worden, und wahrscheinlich weitere 250 000 sind einmal im KZ gewesen und freigelassen worden, sind nun an der Front oder arbeiten irgendwo. Diese 750 000 Menschen und/oder ihre Angehörigen haben nur einen Wunsch: den Mann umzubringen, der für ihren besonderen Fall die Verantwortung trägt, und zwar auf schnellstem Weg, womöglich eigenhändig. Bis auf einige, die aus anderen Ländern, vor allem Litauen kommen, sind die Leute, die jetzt in den besetzten Gebieten Menschen umbringen, weitgehend dieselben, die Deutsche getötet oder eingesperrt haben. Übrigens stammt die Mehrzahl der brutalsten SD-Leute, Mörder usw., entweder aus Österreich oder dem Sudetenland. Die Schlägertypen aus dem kleindeutschen Gebiet sind nur eine Minderheit, und wahrscheinlich nur ganz wenige stammen aus Preußen. Darum ist es ein Gebot innerdeutscher Politik, diese Leute vor Gericht zu bringen, vielleicht sogar zum Tode ohne Gericht. Wollte man das verhindern, so würden diese Schläger zu nationalen Helden, die für Deutschland leiden, anstatt daß sie von Deutschen bestraft werden.

Die „kommunistische Gefahr" ist in unserer Lage etwas sehr Reales. So wie die Dinge jedoch liegen, kommt diese Gefahr hauptsächlich aus den Reihen der Intellektuellen und nicht von den Arbeitern her. Die Arbeiter, die kommunistisch werden könnten, sind schon nazi, und sie sind jederzeit bereit, wieder kommunistisch zu werden. Wenn man nicht aufpaßt, werden alle jene brutalen SA- und SS-Leute sich als verfolgte Kommunisten ausgeben, die sich jetzt an ihren Gegnern rächen müssen. Aber die Arbeiter, die jetzt nicht nazi sind, (und das ist die Mehrheit der älteren und der Facharbeiter) haben jedes totalitäre Regime satt. Auf diese Arbeiter müssen wir bauen, und nicht auf jene, die mit einem einfachen Farbenwechsel wegkommen wollen, ohne dabei ihre Gesinnung zu ändern. Der Kampf gegen den Nazismus ist nämlich nicht auf die eine oder andere Klasse beschränkt: er wird innerhalb der Klassen ausgetragen, und es gibt Anhänger jeglicher Weltanschauungen in allen Gesellschaftsschichten, oben wie unten. Wenn sich überhaupt etwas über Klassen sagen läßt, so ist es folgendes: im allgemeinen ist der Mittelstand nazi oder zumindest von irgendeiner Form des Totalitarismus in hohem Maße infiziert. Der niedere preußische Adel, soweit er noch Land besitzt, ist am wenigsten anfällig, ja sogar fast immun gegen jede Art von Totalitarismus. Der höhere Adel, vom Herzog aufwärts, sowie der Adel Süd- und Westdeutschlands ist viel mehr von dieser Krankheit befallen; der städtische Adel gehört eigentlich zum Mittelstand. Dieser Mittelstand neigt dazu, wo er anti-nazi ist, bolschewikenfreundlich, russenfreundlich usw. zu sein. Er fühlt sich seiner selbst unsicher und hofft auf die große neue Kraft, die aus dem Osten kommen soll.

6.

Meine Bitte geht nun in Anbetracht dieser Umstände dahin, eine feste Verbindung zwischen der deutschen Opposition und Großbritannien herzustellen, und zwar eine Verbindung, die sich nicht auf die Beziehungen des Geheimdienstes gegründet und nicht in erster Linie zu Informationszwecken benutzt wird, sondern als eine politische Verbindung. Ich suche sie nicht, um eventuelle Friedensbedingungen oder die Nachkriegswelt zu besprechen, sondern als Hilfe für unseren Krieg gegen Hitler, unseren internen Krieg. Ich lege eine Aufzeichnung[2] bei, die ich über ein gewisses Ereignis niedergeschrieben habe, welches uns letzthin beschäftigt hat. Wäre eine beständige Verbindung mit Großbritannien dagewesen, so hätten wir eine gemeinsame Strategie absprechen können, um diese Umstände auszunutzen. Ohne diese Verbindung müssen wir im Dunkeln tappen in der Hoffnung, daß die Informationen, die an Ihre Leute gelangen, nicht so verwandt werden, daß sie uns diskreditieren oder eventuell gefährden könnten. Solche Gelegenheiten werden wiederkehren, und auch für andere Situationen wird der Kontakt von Nutzen sein. Ich hoffe aber, Sie verstehen aus diesem einen Beispiel ohne weitere Einzelheiten oder Beispiele das, was ich meine.

7.

Wie läßt sich dies nun technisch bewerkstelligen? Wir müßten in Stockholm einen Mann haben, der Mitteleuropa kennt und dessen

[2] nicht vorhanden.

besondere Aufgabe es wäre, unter der allgemeinen Aufsicht des Botschafters mit den verschiedenen Untergrundbewegungen in Europa, vor allem aber in Deutschland, Verbindung zu halten. Er müßte mit ihnen auf der Basis politischer Diskussion und Zusammenarbeit verhandeln. Wir würden ihn hier mit Adressen versorgen, durch die er mit den Widerstandsgruppen in den verschiedenen Ländern unter Hitler Kontakt aufnehmen könnte. Am besten wäre ein Mann, den ich kenne oder von dem ich etwas weiß, da Zeit kostbar ist: es dauert doch immer eine Weile, bis man mit einem Fremden vertraut wird, und ein wirklich persönlicher Kontakt ist notwendig.

Was seine Position und seine Vollmachten angeht, muß man aber vor allem zweierlei bedenken. Obwohl er der allgemeinen Aufsicht des Botschafters unterstehen würde, sollte er von allen Verwicklungen der Geheimdienstarbeit unabhängig sein. Soweit ich feststellen kann, gehen die Geheimdienste der verschiedenen Nationen alle den gleichen Weg, und die meisten Agenten arbeiten für mindestens zwei Parteien. Deshalb wird alles, was man dem Geheimdienst des einen Landes anvertraut auf die Dauer demjenigen der anderen bekannt werden. Infolgedessen sind die Geheimdienste jedes Landes für alle geheim, nur nicht für ihre Gegner. Es mag zwar eine entscheidende Verzögerung eintreten, bis eine Information von einem Geheimdienst zum anderen durchsickert, aber zuguterletzt kommt sie doch an, und es macht nicht viel aus, ob die Guillotine lediglich um 3 Monate herausgeschoben wird.

Zu den Vollmachten möchte ich folgende Bemerkung machen: der Mann müßte dazu in der Lage sein, unter gewissen Umständen einen von uns binnen kurzer Zeit nach England hin und zurück zu bringen, so daß gemeinsame Pläne notfalls viva voce besprochen werden könnten.

Dies sind also die Vorschläge. Ich hoffe, Sie werden so freundlich sein, sie zu überdenken. Vielleicht werden sie Ihnen von einem unserer schwedischen Freunde überbracht. Andernfalls werden Sie die Adresse von einem unserer Freunde erhalten, mit dem sich ein Mann, den Sie hierherschicken, in Verbindung setzen kann. Sie werden verstehen, daß Sie in diesem Zusammenhang meinen Namen bitte nicht erwähnen dürfen, es sei denn gegenüber einem Mann, der so hochgestellt ist, daß er selber entscheiden kann, ohne die Information mit dem Namen an einen Vorgesetzten weiterreichen zu müssen. Unter keinen Umständen darf der Name jemals irgendwo schriftlich erscheinen.

Was mich betrifft, so würde ich es natürlich vorziehen, Michael[3] hier in Stockholm zu haben, sei es als Hauptverantwortlichen oder als dessen Berater.

Ich fühle mich nicht in der Lage, diesem Brief etwas Persönliches hinzuzufügen. An Michael und Julian[4] habe ich getrennte Briefe mit allen Nachrichten geschrieben. Sie wissen, daß sie Ihnen ihre Briefe zeigen sollen, und vielleicht sind Sie so gut, ihnen aus diesem Brief zu zeigen, was Sie für richtig halten.

Alles Liebe an Sie beide

Ihr

[3] Michael Balfour, den er durch Lionel Curtis kennen gelernt hatte

[4] Julian Frisby

Helmuth J. von Moltke an seine Frau aus dem Gefängnis Tegel

Diese Briefe schildern den Gang der Verhandlung vor dem Volksgerichtshof in Berlin. Sie wurden am Abend des zweiten und letzten Verhandlungstages, der mit den Strafanträgen endete, und am darauffolgenden Tag, der frei war, geschrieben. Die Urteilsverkündung folgte erst am 12. Januar.

Helmuth erwartete das Todesurteil und mußte damit rechnen, daß das Urteil, wie damals üblich, unmittelbar nach seiner Verkündung vollstreckt werden würde.

Tatsächlich lebte er bis zum 23. Januar 1945. Helmuth hatte das Glück, von Ende September bis zu seinem Tode im Gefängnis Tegel zu sein. Dort war sein Freund Harald Poelchau Gefängnispfarrer. Poelchau hat während dieser Zeit viele Briefe heimlich in die Zelle hinein und aus der Zelle heraus getragen. Auch die hier Veröffentlichten.

Berlin, den 10. Januar 1945

Meine Liebe, denk' mal, wie schön, daß ich noch einmal hier nach Tegel zurückgebracht worden bin, daß die Würfel, deren Fall schon genau feststeht, sozusagen auf der Kante noch einmal halten. So kann ich noch in Frieden einen Bericht schreiben.

Erst mal den Schluß vorweg: um 3 Uhr etwa verlas Schulze[1], der keinen üblen Eindruck machte, die Anträge: Moltke: Tod und Vermögenseinziehung; Delp desgleichen; Gerstenmaier[2]: Tod; Reisert und Sperr: desgleichen; Fugger: drei Jahre Zuchthaus; Steltzer und Haubach: abgetrennt. Dann kamen die Verteidiger, eigentlich alle ganz nett, keiner tückisch. Dann die Schlußworte der Angeklagten, wobei Dein Mann als einziger verzichtete. Eugen[2] war, wie ich am Schlußwort merkte, etwas unruhig.

[1] der Staatsanwalt
[2] Eugen Gerstenmaier

Nun kommt der Gang der Verhandlung. Alle diese Nachrichten sind natürlich verboten.

Es war in einem kleinen Saal, der zum Brechen voll war. Anscheinend ein früheres Schulzimmer. Nach einer langen Einleitung von Freisler[3] über Formalien – Geheimhaltung, Verbot des Mitschreibens und so weiter – verlas Schulze die Anklage, und zwar nur den kurzen Text, der auch im Haftbefehl stand. Dann kam Delp dran, mit dem seine zwei Polizisten vortraten. Die Verhandlung spielte sich so ab: Freisler, den Hercher[4] sehr richtig beschrieben hat: begabt, genial und nicht klug, und zwar alles dreies in der Potenz, erzählt den Lebenslauf, man bejaht oder ergänzt und dann kommen diejenigen Tatfragen, die ihn interessieren. Da schneidet er aus dem Tatbestand eben Dinge heraus, die ihm passen, und läßt ganze Teile weg. Bei Delp fing es damit an, wie er Peter[5] und mich kennengelernt hat, was zuerst

[3] der Präsident des Volksgerichtshofes

[4] Moltkes Verteidiger; von ihm aus sieben vom Volksgerichtshof als Verteidiger zugelassenen Rechtsanwälten ausgewählt

[5] Peter Graf Yorck von Wartenburg

in Berlin besprochen ist, und dann kam Kreisau Herbst 42 dran. Auch hier die Form: Vortrag von Freisler, in den man Antworten, Einreden, eventuell neue Tatsachen einbauen kann; besteht aber die Möglichkeit, daß man damit den Duktus stören könnte, so wird er ungeduldig, zeigt an, daß er es doch nicht glaubt oder brüllt einen an. Der Aufbau für Kreisau so: zuerst waren es allgemeine Erörterungen mehr grundsätzlicher Art, dann wurde der praktische Fall der Niederlage erörtert, und zum Schluß wurden Landesverweser gesucht. Die erste Phase möge noch angehen, obwohl überraschend sei, daß alle diese Besprechungen ohne einen einzigen Nationalsozialisten stattfanden, dafür aber mit Geistlichen und lauter Leuten, die sich später am 20. Juli[6] beteiligt hätten. – Die zweite Phase aber sei bereits schwärzester Defaitismus allerdunkelster Art und das dritte offene Vorbereitung zum Hochverrat. – Dann kamen die Münchener Besprechungen dran.

[6] 20. Juli 1944 Stauffenbergs Attentat auf Hitler

Das stellte sich zwar alles als viel harmloser heraus, als es in der Anklage stand, aber es hagelte Pflaumen gegen die katholischen Geistlichen und gegen die Jesuiten: Zustimmung zum Tyrannenmord-Mariano; uneheliche Kinder; Deutschfeindlichkeit und so weiter, und so weiter. Das alles mit Gebrüll mittlerer Art und Güte. Auch die Tatsache, daß Delp bei den Besprechungen weggegangen war, die in seiner Wohnung stattfanden, wurde ihm als echt jesuitisch zur Last gelegt: „Gerade dadurch dokumentieren Sie ja selbst, daß Sie genau wußten, daß da Hochverrat getrieben wurde, aus dem Sie gerne das Köpfchen mit der Tonsur, den geweihten, heiligen Mann heraushalten wollten. Der ging derweil wohl in die Kirche, um dafür zu beten, daß das Komplott auch in Gott wohlgefälliger Form gelänge." – Dann kam Delps Besuch bei Stauffenberg dran. Und schließlich die am 21. Juli erfolgte Mitteilung Sperrs davon, daß Stauffenberg ihm Andeutungen über einen Umsturz gemacht habe. Diese beiden letzten Punkte gingen glimpflich ab. Bemerkenswert in der ganzen Vernehmung, daß in jedem zweiten

Satz von Freisler irgendwie vorkam: „der Moltke-Kreis“, „Moltkes Pläne“, „gehört auch zu Moltke“ und so weiter.

Als Rechtsgrundsätze wurden verkündet:
„Der Volksgerichtshof steht auf dem Standpunkt, daß eine Verratstat schon der begeht, der es unterläßt, solche defaitistischen Äußerungen wie die von Moltke, wenn sie von einem Mann seines Ansehens und seiner Stellung geäußert werden, anzuzeigen.“ – „Vorbereitung zum Hochverrat begeht schon der, der hochpolitische Fragen mit Leuten erörtert, die in keiner Weise dafür kompetent sind, insbesondere nicht mindestens irgendwie tätig der Partei angehören.“ – „Vorbereitung zum Hochverrat begeht jeder, der sich irgendein Urteil über eine Angelegenheit anmaßt, die der Führer zu entscheiden hat.“ – „Vorbereitung zum Hochverrat begeht, der zwar selbst jede Gewalthandlung ablehnt, aber Vorbereitungen für den Fall trifft, daß ein anderer, nämlich der Feind, die Regierung mit Gewalt beseitigt; dann rechnet er eben mit der Gewalt des Feindes.“ Und so ging es immer weiter.

Daraus gibt es nur einen Schluß: Hochverrat begeht, wer dem Herrn Freisler nicht paßt.

Dann kam Sperr. Der zog sich aus der Kreisauer Affäre – mit Recht ein wenig auf meine Kosten – einigermaßen heraus. Es wurde ihm aber folgendes vorgehalten: „Warum haben Sie nicht angezeigt? Sehen Sie, wie wichtig das gewesen wäre: der Moltke-Kreis war bis zu einem gewissen Grade der Geist des ‚Grafen-Kreises', und der wieder hat die politische Vorbereitung für den 20. Juli gemacht; denn der Motor des 20. Juli war ja keineswegs Herr Goerdeler, der wahre Motor steckte in diesen jungen Männern." Sperr im ganzen freundlich behandelt. Nun Reisert: Er wurde sehr freundlich behandelt. Er hat drei Besprechungen mit mir gehabt, und es wurde ihm vor allem zur Last gelegt, daß er nicht schon nach der ersten bemerkt hätte, daß ich ein Hochverräter und schwerer Defaitist sei, und dann noch zwei andere Besprechungen mit mir gehabt hätte. Ihm wurde vor allem der Vorwurf gemacht, nicht angezeigt zu haben. Schließlich Fugger. Der machte einen sehr guten Eindruck.

Er war eine Zeitlang elend gewesen und hatte sich nun wieder erholt, war bescheiden, sicher, hat keinen von uns belastet, sprach nett bayerisch und hat mir noch nie so gut gefallen wie gestern; ganz ohne Nerven, während er hier immer schreckliche Angst gehabt hatte. Er gab sofort zu, daß, nach dem, was ihm heute gesagt worden sei, ihm klar sei, daß er hätte anzeigen müssen, und er wurde so gnädig entlassen, daß ich gestern abend dachte, er würde freigesprochen werden.
Hingegen war auch in den anderen Vernehmungen der Name Moltke immerzu zu hören. Wie ein roter Faden zog sich das durch alles durch, und nach den oben angeführten „Richtsätzen" des V. G. H.[7] war ja klar, daß ich umgebracht werden sollte.
Die ganze Verhandlung wurde durch das Mikrophon auf Stahlbänder für das Archiv aufgenommen. Du wirst sie Dir also, solltest Du Lust dazu haben, später einmal vorspielen lassen können. Man tritt vor den Tisch, die beiden Polizisten mit, die sich rechts und links auf

[7] Volksgerichtshof

die beiden Stühle setzen; für Reisert und mich wurden sofort und ohne daß wir fragten ein Stuhl bereitgestellt. Schulze, Freisler und Berichterstatter in roten Roben. Typisch war ein Vorfall: aus irgendeinem Grunde wurde ein StGB. gebraucht, weil Freisler was daraus vorlesen wollte. Es stellte sich aber heraus, daß keines aufzufinden war.

Nun vielleicht eine kleine Einschiebung über das Bild.

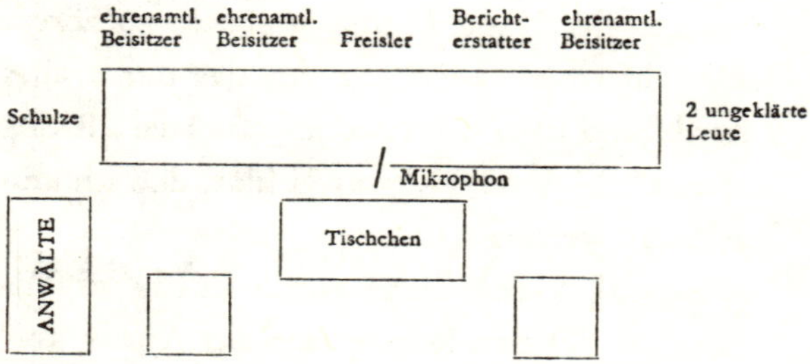

Nun kommt der zweite Tag. Da fing es mit mir an. In mildem Ton ging es los, sehr schnell, sozusagen rapid; Gott sei Dank, daß ich flink bin und F.s Tempo spielend mitmachte; das machte übrigens sichtlich uns beiden Freude. Aber wenn er das bei einem Mann exerziert, der nicht ganz schnell ist, so ist der verurteilt, ehe er bemerkt hat, daß F. die Personalien hinter sich gelassen hat. Bis einschließlich der Besprechung mit Goerdeler und meiner Stellung dazu durchaus glatt und ohne viel Aufhebens. Dann kam mein Einwand, Polizei und Abwehr hätten davon gewußt. Da bekam F. Tobsuchtsanfall Nr. 1. Alles, was Delp zuvor erlebt hatte, war einfach eine Spielerei dagegen. Ein Orkan brach los: er hieb auf den Tisch, lief an so rot wie seine Robe und tobte: „So etwas verbitte ich mir, so etwas höre ich mir gar nicht an." Und so ging das immerfort. Da ich ohnehin wußte, was rauskam, war mir das alles ganz gleich: ich sah ihm eisig in die Augen, was er offenbar nicht schätzte, und plötzlich konnte ich nicht umhin, zu lächeln. Das ging nun zu den Beisitzern, die rechts von Freisler saßen, und zu Schulze. Den Blick von Schulze hättest Du sehen müssen. Ich glaube, wenn ein Mensch von der Brücke über dem Krokodilteich im Zoo hinunterspringt, so kann der Aufruhr nicht größer sein. Na schön, damit war das Thema erschöpft. Nun kam aber Kreisau, und da hielt er sich nicht lange bei den Präliminarien auf, sondern steuerte schnurstracks auf zwei Dinge los: a) Defaitismus, b) das Aussuchen von Landesverwesern. Über beides neue Tobsuchtsanfälle gleicher Güte, und als ich mit der Verteidigung kam, das alles sei aus dienstlicher Wurzel hervorgegangen, dritter Tobsuchtsanfall: „Alle Behörden Adolf Hitlers arbeiten auf der Grundlage des Sieges, und das ist im O. K. W.[8] nicht anders wie woanders; so etwas höre ich mir gar nicht an, und selbst wenn es nicht so wäre, so hat eben jeder einzelne Mann die Pflicht, selbständig den Siegesglauben zu verbreiten." Und so in langen Tiraden.

Nun kam aber die Quintessenz: „Wer war denn da? Ein Jesuitenpater! Ausgerechnet ein Jesuitenpater! Ein protestantischer Geistlicher, drei Leute, die später wegen Beteiligung am 20. Juli zum Tode verurteilt worden sind! Und kein einziger Nationalsozialist! Kein ein-

[8] Oberkommando der Wehrmacht

ziger! Und da will ich doch nur sagen: Nun ist aber das Feigenblatt ab!" „Ein Jesuitenpater, und ausgerechnet mit dem besprechen Sie Fragen des zivilen Widerstandes! Und den Jesuitenprovinzial kennen Sie auch! Und der war auch einmal in Kreisau! Ein Jesuitenprovinzial, einer der höchsten Beamten von Deutschlands gefährlichsten Feinden, der besucht den Grafen Moltke in Kreisau! Und da schämen Sie sich nicht! Kein Deutscher kann doch einen Jesuiten auch nur mit der Feuerzange anfassen! Leute, die wegen ihrer Haltung von der Ausübung des Wehrdienstes ausgeschlossen sind! Wenn ich weiß, in einer Stadt ist ein Jesuitenprovinzial, so ist das für mich fast ein Grund, gar nicht in die Stadt zu gehen! – Und der andere Geistliche, was hatte der dort zu suchen? Die sollten sich ums Jenseits kümmern, aber uns hier in Ruhe lassen. – Und Bischöfe besuchen Sie! Was haben Sie bei einem Bischof, bei irgendeinem Bischof verloren? Wo ist Ihre Befehlsstelle? Ihre Befehlsstelle ist der Führer und die NSDAP! Für Sie so gut wie für jeden anderen Deutschen, und wer sich seine Befehle in noch so getarnter Form bei den Hütern des

Jenseits holt, der holt sie sich beim Feind und wird so behandelt werden!“ Und so ging das weiter. Aber das war in einer Tonart, der gegenüber die früheren Tobsuchtsanfälle noch wie das sanfte Säuseln eines Windchens waren.

Ergebnis dieser Vernehmung „gegen mich“ – denn zu sagen „meiner Vernehmung“ wäre Quatsch –: ganz Kreisau und jede dazugehörige Teilunterhaltung ist Vorbereitung zum Hochverrat.

Ja, richtig, das muß ich noch sagen: nach diesem Höhepunkt ging es in fünf Minuten zum Schluß: die Unterredungen in Fulda und München, das alles kam überhaupt nicht mehr dran, sondern F. meinte, das können wir uns wohl schenken, und fragte: Haben Sie noch etwas zu sagen? Worauf ich nach einigem Zögern, leider, erwiderte: „Nein!“ Und damit war ich fertig. Nun geht es in der Zusammenfassung weiter: wenn die anderen Leute, deren Namen vorgekommen sind – übrigens nicht in der Verhandlung, denn nachdem die Sache so lief, haben wir uns alle gehütet, auch nur noch einen Namen zu nennen –, noch nicht verhaftet sind, so vielleicht als quantité négligable. Werden sie aber verhaftet und haben sie irgendeine Kenntnis gehabt, die über die rein gesellschaftliche Unterhaltung über solche Fragen hinausgeht oder die diese Fragen in Zusammenhang mit möglicher Niederlage bringen, so müssen sie mit Todesstrafe rechnen . . .

Letzten Endes entspricht diese Zuspitzung auf das kirchliche Gebiet dem inneren Sachverhalt und zeigt, daß F. eben doch ein guter politischer Richter ist. Das hat den ungeheuren Vorteil, daß wir nun für etwas umgebracht werden, was wir a) getan haben, und was b) sich lohnt. Aber, daß ich als Märtyrer für den heiligen Ignatius von Loyola sterbe – und darauf kommt es letztlich hinaus, denn alles andere war daneben nebensächlich –, ist wahrlich ein Witz, und ich zittere schon vor dem väterlichen Zorn von Papi, der doch so antikatholisch war. Das andere wird er billigen, aber das? Auch Mami wird wohl nicht ganz einverstanden sein.

(Eben fällt mir noch etwas zum Tatbestand ein. Mich fragte er: „Sehen Sie ein, daß Sie schuldig sind?“ Ich sagte im wesentlichen nein. Darauf Freisler: „Sehen Sie, wenn Sie das immer noch nicht erkennen, wenn Sie immer noch darüber belehrt werden müssen, dann zeigt das eben, daß Sie anders denken und damit sich selbst aus der kämpfenden Volksgemeinschaft ausgeschlossen haben.“) Das Schöne an dem so aufgezogenen Urteil ist folgendes: wir haben keine Gewalt anwenden wollen – ist festgestellt; wir haben keinen einzigen organisatorischen Schritt unternommen, mit keinem einzigen Mann über die Frage gesprochen, ob er einen Posten übernehmen wolle – ist festgestellt; in der Anklage stand es anders. Wir haben nur gedacht, und zwar eigentlich nur Delp, Gerstenmaier und ich, die anderen gelten als Mitläufer, und Peter und Adam[9] als Verbindungsleute zu Schulenburg etc. Und vor den Gedanken dieser drei einsamen Männer, den bloßen Gedanken, hat der N. S. eine solche Angst, daß er alles, was da-

[9] Adam von Trott zu Solz

mit infiziert ist, ausrotten will. Wenn das nicht ein Kompliment ist. Wir sind nach dieser Verhandlung aus dem Goerdeler-Mist[10] raus, wir sind aus jeder praktischen Handlung heraus, wir werden gehenkt, weil wir zusammen gedacht haben. Freisler hat recht, tausendmal recht; und wenn wir schon umkommen müssen, dann bin ich allerdings dafür, daß wir über dieses Thema fallen.

Ich finde, und nun komme ich zum Praktischen, daß diese Sache, richtig aufgemacht, sogar noch ein wenig besser ist als der berühmte Fall Huber. Denn es ist noch weniger geschehen. Es ist ja nicht einmal ein Flugblatt hergestellt worden. Es sind eben nur Gedanken ohne die Absicht der Gewalt. Die Schutzbehauptungen, die wir alle aufgestellt haben:

[10] Dies bezieht sich auf Goerdelers und seiner Freunde Pläne, mit denen Moltkes Gruppe nicht übereinstimmte. Vor allem hielten sie Goerdelers Methoden in der Betreibung der Verschwörung und ihrer Vorbereitung für leichtfertig. Auf Goerdelers persönliche Integrität, seine aufrechte Tapferkeit, seine Unermüdlichkeit und seine Fähigkeiten bezieht sich dieser Ausspruch nicht. Sie waren allgemein anerkannt

Polizei weiß, dienstliche Ursache, Eugen hat nichts kapiert, Delp ist immer gerade nicht dabei gewesen, die muß man streichen, wie sie auch Freisler mit Recht gestrichen hat. Und dann bleibt übrig ein Gedanke: womit kann im Chaos das Christentum ein Rettungsanker sein? Dieser eine einzige Gedanke fordert morgen wahrscheinlich fünf Köpfe und später noch die von Steltzer und Haubach und wohl auch Husen. Aber dadurch, daß in dieser Verhandlung das Trio Delp, Eugen, Moltke heißt und der Rest nur durch „Ansteckung" dies trägt, dadurch, daß keiner dabei ist, der etwas anderes vertrat, keiner, der zu den Arbeitern gehörte, keiner, der irgendein weltliches Interesse betreute, dadurch, daß festgestellt ist, daß ich großgrundbesitzfeindlich war, keine Standesinteressen, überhaupt keine eigenen Interessen, ja nicht einmal die meines Landes vertrat, sondern menschheitliche, dadurch hat Freisler uns unbewußt einen ganz großen Dienst getan, sofern es gelingt, diese Geschichte zu verbreiten und auszunutzen. Und zwar m. E. im Inland und draußen. Durch diese Personalzusammenstellung ist dokumentiert, daß nicht Pläne, nicht Vorbereitungen, sondern der Geist als solcher verfolgt werden soll. Vivat Freisler!

Das auszunutzen ist nicht Deine Aufgabe. Da wir vor allem für den heiligen Ignatius sterben, sollen seine Jünger sich drum kümmern. Aber Du mußt ihnen diese Geschichte liefern, und wen sie von Wurms[11] Leuten zuziehen, ist gleich. Am besten wahrscheinlich Pressel. Ich berede das morgen noch mit Poelchau. Kommt es raus, daß Du diesen Brief empfangen und weitergegeben hast, so wirst Du auch umgebracht. Tattenbach muß das klar auf sich nehmen und im Notfall sagen, er habe es von Delp mit der letzten Wäsche bekommen. Gib dies Exemplar nicht aus der Hand, sondern nur eine Abschrift, und bei der muß sofort so übersetzt werden, daß es von Delp stammen kann, also bei ihm in der Ich-Form.

So, das ist dieser Teil; der Rest kommt gesondert.

[11] Landesbischof von Württemberg — die protestantische Seite

Tegel, den 10. Januar 1945

Mein liebes Herz, zunächst muß ich sagen, daß ganz offenbar die letzten 24 Stunden eines Lebens gar nicht anders sind als irgendwelche anderen. Ich hatte mir immer eingebildet, man fühle das nur als Schreck, daß man sich sagt: nun geht die Sonne das letztemal für Dich unter, nun geht die Uhr nur noch zweimal bis 12, nun gehst Du das letztemal zu Bett. Von all dem ist keine Rede. Ob ich wohl ein wenig überkandidelt bin? Denn ich kann nicht leugnen, daß ich mich in geradezu gehobener Stimmung befinde. Ich bitte nur den Herrn im Himmel, daß er mich darin erhalten möge, denn für das Fleisch ist es sicher leichter, so zu sterben. Wie gnädig ist der Herr mit mir gewesen! Selbst auf die Gefahr hin, daß das hysterisch klingt: ich bin so voll Dank, eigentlich ist für nichts anderes Platz. Er hat mich die zwei Tage so fest und klar geführt: der ganze Saal hätte brüllen können, wie der Herr Freisler, und sämtliche Wände hätten wackeln können, und es hätte mit gar nichts gemacht; es war wahrlich so, wie es im Jesaja 43,2 heißt: Denn so du durch Wasser gehst, will ich bei dir sein, daß dich die Ströme nicht sollen ersäufen; und so du ins Feuer gehst, sollst du nicht brennen, und die Flamme soll dich nicht versengen. – Nämlich Deine Seele. Mir war, als ich zum Schlußwort aufgerufen wurde, so zumute, daß ich beinahe gesagt hätte: Ich habe nur eines zu meiner Verteidigung anzuführen: nehmen Sie den Leib, Gut, Ehr, Kind und Weib, laß fahren dahin, sie haben's kein Gewinn, das Reich muß uns doch bleiben. Aber das hätte doch die anderen nur belastet; so sagte ich nur: Ich habe nicht die Absicht, etwas zu sagen, Herr Präsident.

Es ist nun noch ein schweres Stück Weges vor mir, und ich kann nur bitten, daß der Herr mir weiter so gnädig ist, wie er war. Für heute abend hatte Eugen uns aufgeschrieben Lukas 5,1–11. Er hatte es anders gemeint; aber es bleibt wahr, daß dies für mich ein Tag eines großen Fischzuges war, und daß ich heute abend mit Recht sagen kann: „Herr, gehe von mir hinaus. Ich bin ein sündiger Mensch." Und was haben wir, meine Liebe, gestern Schönes gelesen: „Wir haben aber solchen Schatz in irdenen Gefäßen, auf daß die überschwengliche Kraft sei Gottes und nicht von uns. Wir haben allenthalben Trübsal, aber wir ängsten uns nicht. Uns ist bange, aber wir verzagen nicht. Wir leiden Verfolgung, aber wir werden nicht verlassen. Wir werden unterdrückt, aber wir kommen nicht um. Und tragen allezeit das Sterben des Herrn Jesu an unserem Leib, auf daß auch das Leben des Herrn Jesu an unserem Leibe offenbar werde." Dank, mein Herz, vor allem dem Herrn, dank, mein Herz, Dir für Deine Fürbitte, Dank allen anderen, die für uns und für mich gebeten haben. Dein Mann, Dein schwacher, feiger, „komplizierter", sehr durchschnittlicher Mann, der hat das erleben dürfen. Wenn ich jetzt gerettet werden würde – was ja bei Gott nicht wahrscheinlicher oder unwahrscheinlicher ist als vor einer Woche –, so muß ich sagen, daß ich erstmal mich wieder zurechtfinden müßte, so ungeheuer war die Demonstration von Gottes Gegenwart und Allmacht. Er vermag sie eben auch zu demonstrieren, und zwar ganz unmißverständlich zu demonstrieren, wenn er genau das tut, was einem nicht paßt. Alles andere ist Quatsch.

Darum kann ich nur eines sagen, mein liebes Herz: möge Gott Dir so gnädig sein wie mir, dann macht selbst der tote Ehemann gar nichts. Seine Allmacht vermag er eben auch zu demonstrieren, wenn Du Eierkuchen für die Söhnchen machst oder Puschti beseitigst, obwohl es das hoffentlich nicht mehr gibt. Ich sollte wohl von Dir Abschied nehmen – ich vermag's nicht; ich sollte wohl Deinen Alltag bedauern und betrauern – ich vermag's nicht. Ich sollte wohl der Lasten gedenken, die jetzt auf Dich fallen – ich vermag's nicht. Ich kann Dir nur eines sagen: wenn Du das Gefühl absoluter Geborgenheit erhältst, wenn der Herr es Dir schenkt, was Du ohne diese Zeit und ihren Abschluß nicht hättest, so hinterlasse ich Dir einen nichtkonfiszierbaren Schatz, demgegenüber selbst mein Leben nicht wiegt. Diese Römer, diese armseligen Kreaturen von Schulze und Freisler und wie das Pack alles heißen mag: nicht einmal begreifen würden sie, wie wenig sie nehmen können!

Ich schreibe morgen weiter, aber da man nie weiß, was geschieht, will ich in dem Brief jedenfalls jedes Thema berührt haben. Ich weiß natürlich nicht, ob ich nun morgen hingerichtet werde. Es mag sein, daß ich noch vernommen, verprügelt oder aufgespeichert werde. Kratze, bitte, an den Türen; denn vielleicht hält sie das doch von zu argen Prügeln ab. Wenn ich auch nach der heutigen Erfahrung weiß, daß Gott auch diese Prügel zu nichts machen kann, selbst wenn ich keinen heilen Knochen am Leibe behalte, ehe ich gehenkt werde, wenn ich also im Augenblick keine Angst davor habe, so möchte ich das lieber vermeiden. – So, gute Nacht, sei getrost und unverzagt.

Hercher, der ja ein lieber Mann ist, der war etwas schockiert über meine gute Laune; daran siehst Du, daß es gar nicht zu unterdrücken war.

11. Januar 1945

Meine Liebe, ich habe nur Lust, mich ein wenig mit Dir zu unterhalten. Zu sagen habe ich eigentlich nichts. Die materiellen Konsequenzen haben wir eingehend erörtert. Du wirst Dich da schon irgendwie durchwinden, und setzt sich ein anderer nach Kreisau, so wirst Du das auch meistern. Laß Dich nur von nichts anfechten. Das lohnt sich wahrhaftig nicht. Ich bin unbedingt dafür, daß Ihr sorgt, daß die Russen meinen Tod erfahren. Vielleicht ermöglicht Dir das, in Kreisau zu bleiben. Das Rumziehen in dem Rest-Deutschland ist auf alle Fälle gräßlich. Bleibt das Dritte Reich über Erwarten doch, was ich mir in meinen kühnsten Phantasien nicht vorstellen kann, so mußt Du sehen, wie Du die Söhnchen dem Gift entziehst. Ich habe natürlich nichts dagegen, wenn Du dann auch Deutschland verläßt. Tu, was Du für richtig hältst und meine nicht, Du seiest so oder so durch irgendeinen Wunsch von mir gebunden. Ich habe Dir

immer wieder gesagt: die tote Hand kann nicht regieren ...
Ich denke mit ungetrübter Freude an Dich und die Söhnchen, an Kreisau und all die Menschen da; der Abschied fällt mir im Augenblick gar nicht schwer. Vielleicht kommt das noch. Aber im Augenblick ist es mir keine Mühe. Mir ist ganz und gar nicht nach Abschied zumute. Woher das kommt, weiß ich nicht. Aber es ist nicht ein Anflug von dem, was mich nach Deinem ersten Besuch im Oktober, nein November war es wohl, so stark überfiel. Jetzt sagt mein Inneres: a) Gott kann mich heute genau so dahin zurückführen, wie gestern, und b) und wenn er mich zu sich ruft, so nehme ich es mit. Ich habe gar nicht das Gefühl, was mich manchmal überkam: ach, nur noch einmal möchte ich das alles sehen. Dabei fühle ich mich gar nicht „jenseitig". Du siehst ja, daß ich mich lieb mit Dir unterhalte, statt mich dem lieben Gott zuzuwenden. In einem Liede – 208,4 – heißt es: „Denn der ist zum Sterben fertig, der sich lebend zu Dir hält." Genauso fühle ich mich. Ich muß, da ich heute lebe, mich eben lebend zu ihm halten; mehr

will er gar nicht. Ist das pharisäisch? Ich weiß es nicht. Ich glaube aber zu wissen, daß ich nun in seiner Gnade und Vergebung lebe und nichts von mir habe oder von mir vermag.

Ich schwätze, mein Herz, wie es mir in den Sinn kommt; darum kommt jetzt etwas ganz anderes. Das Dramatische an der Verhandlung war letzten Endes folgendes: in der Verhandlung erwiesen sich alle konkreten Vorwürfe als unhaltbar, und sie wurden auch fallengelassen. Nichts davon blieb. Sondern das, wovor das Dritte Reich solche Angst hat, daß es fünf, nachher werden es sieben Leute werden, zu Tode bringen muß, ist letzten Endes nur folgendes: ein Privatmann, nämlich Dein Mann, von dem feststeht, daß er mit zwei Geistlichen beider Konfessionen, mit einem Jesuitenprovinzial und mit einigen Bischöfen, ohne die Absicht, irgend etwas Konkretes zu tun, und das ist festgestellt, Dinge besprochen hat, „die zur ausschließlichen Zuständigkeit des Führers gehören". Besprochen war: nicht etwa Organisationsfragen, nicht etwa Reichsaufbau – das alles ist im Laufe der Verhandlung weggefallen, und Schulze hat es in seinem Plädoyer auch ausdrücklich gesagt („unterscheidet sich völlig von allen sonstigen Fällen, da in der Erörterung von keiner Gewalt und keiner Organisation die Rede war“), sondern besprochen wurden Fragen der praktisch-ethischen Forderungen des Christentums. Nichts weiter; dafür allein werden wir verurteilt. Freisler sagte zu mir in einer seiner Tiraden: „Nur in einem sind das Christentum und wir gleich: wir fordern den ganzen Menschen!“ Ich weiß nicht, ob die Umsitzenden das alles mitbekommen haben, denn es war eine Art Dialog – ein geistiger zwischen F. und mir, denn Worte konnte ich nicht viele machen –, bei dem wir uns durch und durch erkannten. Von der ganzen Bande hat nur Freisler mich erkannt, und von der ganzen Bande ist er auch der einzige, der weiß, weswegen er mich umbringen muß. Da war nichts von „komplizierter Mensch“ oder „komplizierte Gedanken“ oder „Ideologie“, sondern: „Das Feigenblatt ist ab.“ Aber nur für Herrn Freisler. Wir haben sozusagen im luftleeren Raum miteinander gesprochen. Er hat bei mir keinen einzigen Witz auf meine Kosten gemacht, wie noch bei Delp und bei Eugen. Nein, hier war es blutiger Ernst: „Von wem nehmen Sie Ihre Befehle? Vom Jenseits oder von Adolf Hitler?“ „Wem gilt Ihre Treue oder Ihr Glaube?“ Alles rhetorische Fragen natürlich. – Freisler ist jedenfalls der erste Nationalsozialist, der begriffen hat, wer ich bin, und der gute Müller[12] ist demgegenüber ein Simpl.

Mein Herz, eben kommt Dein sehr lieber Brief. Der erste Brief, mein Herz, in dem Du meine Stimmung und meine Lage nicht begriffen hast. Nein, ich beschäftige mich gar nicht mit dem lieben Gott oder meinem Tod. Er hat die unaussprechliche Gnade, zu mir zu kommen und sich mit mir zu beschäftigen. Ist das hoffärtig? Vielleicht. Aber er wird mir noch so vieles vergeben heute abend, daß ich ihn schließlich um diese letzte Hoffart auch noch um Vergebung bitten darf. Aber ich hoffe ja, daß es nicht hoffärtig ist, denn ich rühme ja

[12] Chef des Reichssicherheitshauptamtes, unmittelbar Untergebener von Himmler

nicht das irdene Gefäß, nein, ich rühme den köstlichen Schatz, der sich dieses irdenen Gefäßes, dieser ganz unwürdigen Behausung bedient hat. Nein, mein Herz, ich lese genau die Stellen der Bibel, die ich heute auch gelesen hätte, wenn keine Verhandlung gewesen wäre, nämlich Josua 19–21, Hiob 10–12, Hesekiel 34–36, Markus 13–15 und unseren zweiten Korintherbrief zu Ende, außerdem die kleinen Stellen, die ich auf den Zettel für Dich geschrieben habe. Bisher habe ich nur den Josua und unsere Konrintherbriefstelle gelesen, die mit dem schönen, so vertrauten, von Kind auf gehörten Satz schließt: „Die Gnade unseres Herrn Jesu Christi und die Liebe Gottes und die Gemeinschaft des Heiligen Geistes sei mit Euch allen. Amen." Ich habe das Gefühl, mein Herz, als wäre ich autorisiert, Dir und den Söhnchen das mit absoluter Autorität zu sagen. Darf ich da nicht den 118. Psalm, der heute morgen dran war, mit vollem Recht lesen? Eugen hat ihn sich zwar für eine andere Lage gedacht, aber er ist viel wahrer geworden, als wir es je für möglich hielten.

Mein Herz, darum bekommst Du auch Deinen Brief trotz Deiner Bitte zurück. Ich trage Dich mit hinüber und brauche dafür kein Zeichen, kein Symbol, nichts. Es ist nicht einmal so, daß mir verheißen wäre, ich würde Dich nicht verlieren; nein, es ist viel mehr: ich weiß es.

Eine große Pause, während der Buchholz[13] da war und ich rasiert wurde, außerdem habe ich Kaffee getrunken, Kuchen und Brötchen gegessen[14]. Nun schwätze ich weiter. Der entscheidende Satz jener Verhandlung war: „Herr Graf, eines haben das Christentum und wir Nationalsozialisten gemeinsam, und nur dies eine: wir verlangen den ganzen Menschen." Ob er sich klar war, was er damit gesagt hat? Denk mal, wie wunderbar Gott dies sein unwürdiges Gefäß bereitet hat: in dem Augenblick, in dem die Gefahr bestand, daß ich in aktive Putschvorbereitung hineingezogen wurde – Stauffenberg kam am Abend des 19.[15] zu Peter –, wurde ich rausgenommen,

[13] Pfarrer Buchholz, katholischer Gefängnisgeistlicher
[14] in die Zelle geschmuggelt
[15] 19. Januar 1944

damit ich frei von jedem Zusammenhang mit der Gewaltanwendung bin und bleibe. – Dann hat er in mich jenen sozialistischen Zug gepflanzt, der mich als Großgrundbesitzer von allem Verdacht einer Interessenvertretung befreit. – Dann hat er mich so gedemütigt, wie ich noch nie gedemütigt worden bin, so daß ich allen Stolz verlieren muß, so daß ich meine Sündhaftigkeit endlich nach 38 Jahren verstehe, so daß ich um seine Vergebung bitten, mich seiner Gnade anvertrauen lerne. – Dann läßt er mich hierhin kommen, damit ich Dich gefestigt sehe und frei von Gedanken an Dich und die Söhnchen werde, d. h. von sorgenden Gedanken; er gibt mir die Zeit und Gelegenheit, alles zu ordnen, was geordnet werden kann, so daß alle irdischen Gedanken abfallen können. – Dann läßt er mich in unerhörter Tiefe den Abschiedsschmerz und die Todesfurcht und die Höllenangst erleben, damit auch das vorüber ist. – Dann stattet er mich mit Glaube, Hoffnung und Liebe aus, mit einem Reichtum an diesen Dingen, der wahrlich überschwenglich ist. – Dann läßt er mich mit Eugen und Delp sprechen und klären. –

Dann läßt er Rösch und König entlaufen, so daß es zu einem Jesuitenprozeß nicht reicht und im letzten Augenblick Delp an uns angehängt wird. – Dann läßt er Haubach und Steltzer, deren Fälle fremde Materie hereingebracht hätten, abtrennen und stellt schließlich praktisch Eugen, Delp und mich allein zusammen, und dann gibt er Eugen und Delp durch die Hoffnung, die menschliche Hoffnung, die sie haben, jene Schwäche, die dazu führt, daß ihre Fälle nur sekundär sind, und daß dadurch das Konfessionelle weggenommen wird, und dann wird Dein Mann ausersehen, als Protestant vor allem wegen seiner Freundschaft mit Katholiken attackiert und verurteilt zu werden, und dadurch steht er vor Freisler nicht als Protestant, nicht als Großgrundbesitzer, nicht als Adeliger, nicht als Preuße, nicht als Deutscher – das alles ist ausdrücklich in der Hauptversammlung ausgeschlossen, so z. B. Sperr: „Ich dachte, was für ein erstaunlicher Preuße" – sondern als Christ und als gar nichts anderes. „Das Feigenblatt ist ab", sagt Herr Freisler. Ja, jede andere Kategorie ist abgestrichen – „ein Mann, der von seinen Standesgenossen natürlich abgelehnt werden muß", sagte Schulze. Zu welch einer gewaltigen Aufgabe ist Dein Mann ausersehen gewesen: all die viele Arbeit, die der Herrgott mit ihm gehabt hat, die unendlichen Umwege, die verschrobenen Zickzackkurven, die finden plötzlich in einer Stunde am 10. Januar 1945 ihre Erklärung. Alles bekommt nachträglich einen Sinn, der verborgen war. Mami und Pappi, die Geschwister, die Söhnchen, Kreisau und seine Nöte, die Arbeitslager und das Nichtflaggen und nicht der Partei oder ihren Gliederungen angehören, Curtis und die englischen Reisen, Adam und Peter und Carlo[16], das alles ist endlich verständlich geworden durch eine einzige Stunde. Für diese eine Stunde hat der Herr sich all diese Mühe gegeben.

Und nun, mein Herz, komme ich zu Dir. Ich habe Dich nirgends aufgezählt, weil Du, mein Herz, an einer ganz anderen Stelle stehst als alle die anderen. Du bist nämlich nicht ein Mittel Gottes, um mich zu dem zu machen,

[16] Carlo Mierendorff, mit dem Moltke besonders gut zusammenstimmte

der ich bin, Du bist vielmehr ich selbst. Du bist mein 13. Kapitel des ersten Korintherbriefes. Ohne dieses Kapitel ist kein Mensch ein Mensch. Ohne Dich hätte ich mir Liebe schenken lassen, ich habe sie z. B. von Mami angenommen, dankbar, glücklich, dankbar wie man ist für die Sonne, die einen wärmt. Aber ohne Dich, mein Herz, hätte ich „der Liebe nicht“. Ich sage gar nicht, daß ich Dich liebe; das ist gar nicht richtig. Du bist vielmehr jener Teil von mir, der mir alleine eben fehlen würde. Es ist gut, daß mir das fehlt; denn hätte ich das, so wie Du es hast, diese größte aller Gaben, so hätte ich dem Leiden, das ich ja sehen mußte, nicht so zuschauen können und vieles andere. Nur wir zusammen sind ein Mensch. Wir sind, was ich vor einigen Tagen symbolisch schrieb, ein Schöpfungsgedanke. Das ist wahr, buchstäblich wahr. Darum, mein Herz, bin ich auch gewiß, daß Du mich auf dieser Erde nicht verlieren wirst, keinen Augenblick. Und diese Tatsache, die haben wir schließlich auch noch durch unser gemeinsames Abendmahl, das nun mein letztes war, symbolisieren dürfen.

Ich habe ein wenig geweint, eben, nicht traurig, nicht wehmütig, nicht weil ich zurück möchte, nein, sondern vor Dankbarkeit und Erschütterung über diese Dokumentation Gottes. Uns ist es nicht gegeben, ihn von Angesicht zu Angesicht zu sehen, aber wir müssen sehr erschüttert sein, wenn wir plötzlich erkennen, daß er ein ganzes Leben hindurch am Tage als Wolke und bei Nacht als Feuersäule vor uns hergezogen ist, und daß er uns erlaubt, das plötzlich, in einem Augenblick zu sehen. Nun kann nichts mehr geschehen.

Mein Herz, die letzte Woche, vor allem der gestrige Tag haben sicher manche meiner Abschiedsbriefe überholt gemacht. Die werden sich demgegenüber lesen wie kalter Kaffee. Ich überlasse es Dir, ob Du sie trotzdem absenden willst, ob Du was dazu sagen oder schreiben willst. Daß ich die Hoffnung habe, daß die Söhnchen eines Tages diesen Brief verstehen werden, ist klar, aber ich weiß, daß es eine Frage der Gnade ist, nicht irgendeiner äußeren Beeinflussung. – Daß Du alle Leute grüßen sollst, ist auch klar, auch solche wie

Oxé und Fräulein Thiel und Frau Tharant. Ist es Dir ein Angang, sie anzurufen, so laß es; es spielt keine Rolle. Ich zähle sie nur auf, weil es so die äußersten extremsten Fälle sind. Da Gott die unglaubliche Gnade hat, in mir zu sein, so kann ich nicht nur Dich und die Söhnchen, sondern alle lieben und unendliche, die mir viel ferner sind, mitnehmen. Das kannst Du ihnen sagen.

Jetzt noch eines. Dieser Brief ist in vielen auch eine Ergänzung zu meinem gestern geschriebenen Bericht, der viel nüchterner ist. Aus beiden zusammen müßt Ihr eine Legende machen, die aber so abgefaßt sein muß, als habe sie Delp von mir erzählt. Ich muß darin die Hauptperson bleiben, nicht weil ich es bin, nicht weil ich es sein will, sondern weil der Geschichte sonst das Zentrum fehlt. Ich bin nun einmal das Gefäß gewesen, für das der Herr diese unendliche Mühe aufgewandt hat.

Mein Herz, mein Leben ist vollendet, und ich kann von mir sagen: er starb alt und lebenssatt. Das ändert nichts daran, daß ich gerne noch etwas leben möchte, daß ich Dich gerne noch ein Stück auf dieser Erde begleitete. Aber dann bedürfte es eines neuen Auftrages Gottes. Der Auftrag, für den Gott mich gemacht hat, ist erfüllt. Will er mir noch einen neuen Anfang geben, so werden wir es erfahren. Darum strenge Dich ruhig an, mein Leben zu retten, falls ich den heutigen Tag überleben sollte. Vielleicht gibt es noch einen Auftrag.

Ich höre auf, denn es ist nichts weiter zu sagen. Ich habe auch niemanden genannt, den Du grüßen und umarmen sollst. Du weißt selbst, wem meine Aufträge für Dich gelten. Alle unsere lieben Sprüche sind in meinem Herzen und in Deinem Herzen. Ich aber sage Dir zum Schluß, kraft des Schatzes, der aus mir gesprochen hat, und der dieses bescheidene irdene Gefäß erfüllt:

> Die Gnade unseres Herren Jesu Christi und die Liebe Gottes und die Gemeinschaft des Heiligen Geistes sei mit Euch allen.
>
> Amen.

Aufnahmen aus dem Prozeß